Love for the
Future

未来への愛

大川隆法
Ryuho Okawa

2018年10月7日、ザ・リッツ・カールトン ベルリンにて

Love for the Future

──未来への愛──

Preface

More than a month has passed since I gave this lecture in Germany. It feels like I was dreaming.

The content of the lecture is clear and logical. Many of the German audience commented that my lecture was bold and courageous. They were astonished and moved, saying "We can't believe there is a Japanese religious leader who can give such a lecture here in Germany." As for me, I strongly wished for our dear German brothers, who could not even raise their right hand to ask a question or cross their arms in front of them

まえがき

　このドイツ講演から一カ月余りが過ぎた。まるで夢でも見ていたかのようだ。

　講演の内容は明快かつ論理的である。ドイツ人の聴衆の多くは、私の話が大胆かつ勇敢であり、「この地でこんな話をする日本人宗教家がいるとは…」といった驚きと感動の声が寄せられた。私の方は、ヒトラーの行為に似ているからという理由で、右手を上げて質問もできず、前で腕を組むこともできないでいるドイツの同胞たちに、早く悪夢から目覚めて、未来を考えて元気に行動する人々になってほしいと強く願っていた。

because it reminds them of Hitler, to wake up from their nightmare soon and become people who think about the future and act positively.

I hope from the bottom of my heart that this giant bullet shot during the final years of the Merkel administration will bear fruits, for the future of the EU and the future of the world, as the love from God.

Nov. 16, 2018

Master & CEO of Happy Science Group

Ryuho Okawa

メルケル政権末期に放たれたこの巨弾が、EU
の未来にとって、そして世界の未来にとって、神
からの愛となって結実することを心の底より願っ
ている。

2018 年 11 月 16 日

幸福の科学グループ創始者兼総裁

大川隆法

Contents

Preface 2

1 My Impression of Germany and the Message
from Emperor Showa in My Dream 12

2 The Status Quo of the Spirit of Hitler and
the Purification of Europe 24

3 The 20th Century: a Century of War
and Racial Hatred 30

4 The Most Important Thing is
"Love for the Future".. 40

5 Teach China about Freedom, Democracy,
and Faith 52

6 Let God Follow Up on the Lost Jewish People ... 60

7 Stop the Third World War and Believe in the
God in Heaven 66

目　次

まえがき ……………………………………………………… 3

1　ドイツの印象と夢で見た昭和天皇からの
　　メッセージ ……………………………………………… 13

2　ヒトラー霊の現状とヨーロッパの浄化 ………… 25

3　20世紀は「戦争」と
　　「人種間の憎しみ」の世紀 ……………………………… 31

4　最も大切なことは「未来への愛」 ………………… 41

5　中国に「自由・民主・信仰」を教えよ …………… 53

6　迷えるユダヤ人のことは神に任_{まか}せよ …………… 61

7　「第三次世界大戦」を止め、
　　天なる神への信仰を …………………………………… 67

Q & A

Q1 Regarding Missionary Work in France 72

Q2 The Connection between Beauty, Faith,
and Wealth 80

Q3 How Can Africa Break Free from Its
Status Quo and See the Truth? 88

★ The lecture and the Q&A session were conducted in English. The Japanese
text is a translation.

質疑応答

質問1　フランスにおける伝道活動について 73

質問2　「美と信仰と富」の関係について 81

質問3　アフリカが現状を脱却し
　　　　真理に気づくには 89

※本書は、英語で収録された法話と質疑応答に和訳を付けたものです。

Love for the Future
――未来への愛――

October 7, 2018 at The Ritz-Carlton, Berlin
（2018年10月7日　ザ・リッツ・カールトン ベルリンにて）

1 My Impression of Germany and the Message from Emperor Showa in My Dream

Ryuho Okawa *Danke. Danke schön. Guten Tag. Ich heisse Ryuho Okawa. Ich komme aus Japan* ("Thank you. Thank you very much. Hello. My name is Ryuho Okawa. I came from Japan." in German). From now on, I speak English. OK? [*Audience laughs.*]

"Love for the Future" is today's theme. But firstly, I will speak my impression I felt in these three or four days in Berlin. This is a beautiful city, I felt so. But something is lacking, I felt also. I think and think and think, *denken* ("think" in German) and *denken* and *denken*

1　ドイツの印象と
　　夢で見た昭和天皇からのメッセージ

大川隆法　（ドイツ語で）ありがとう。ありがとうございます。こんにちは、大川隆法と申します。日本からやってまいりました。ここからは英語でお話しします。よろしいでしょうか（会場笑）。

「Love for the Future（未来への愛）」が本日のテーマですが、最初に、ここ３、４日の間にベルリンで感じた印象をお話しいたします。美しい都市であると感じました。ただ、何かが足りないという感じも受けました。私は、それについて考え、考え、考え続けました。

1 My Impression of Germany and the Message from Emperor Showa in My Dream

about that.

One thing is, you are too much eco-oriented. It means you lack electricity, I felt so*. In Tokyo, we use more electricity, so maybe Chancellor Angela Merkel has a very powerful idea of saving money, I guess so.

But it's not all my impression. Another one is some sadness I felt. When I stayed here, on the first night, of course my hotel is near here and near Potsdamer Platz, I had a dream of Emperor Showa Hirohito, three times that night.

*In Germany, people tend to save electricity in order to deal with the rising electricity costs caused by nuclear power phase-out.

14

一つには、ドイツの皆様は「エコ志向」が強すぎるという点です。つまり、電気が不足していると言いますか、そういった感じを受けました（注）。東京ではもっと電気を使いますので、アンゲラ・メルケル首相は「お金を節約したい」という考えが非常に強いのではないかと推測いたします。

しかし、印象はそれだけではございません。もう一つには、ある種の「悲しさ」を感じました。当地に滞在した最初の夜、私のホテルはここの近く、ポツダム広場の近くにあるわけですが、私はその夜、昭和天皇（裕仁）の夢を三回見ました。

（注）ドイツでは脱原発によって電気代が上昇し、節電の傾向にある。

He told me something. This is Berlin and as you know, the Potsdam Declaration* was done near here and then the post-war political regime was established, so Emperor Hirohito asked me, instead of him, "Please say hello to the German people and if possible, make them happier." He said so. It's a political problem, but firstly, I'll say about that.

Emperor Hirohito was the emperor during the Second World War, so more than half of the German people think of him as someone like Adolf Hitler, but indeed he is not.

*The Potsdam Declaration stated Japan's terms of surrender in World War II. It was issued by the U.S., the U.K., and the Republic of China on July 26, 1945 in Potsdam, a city near Berlin. Japan accepted the declaration, which led to the end of the war.

彼は私にあることを言いました。ここはベルリンであり、ご存じの通りポツダム宣言（注）がこの近くで発され、そこから戦後政治体制が確立されましたので、昭和天皇は、自分の代わりに、「どうかドイツ国民各位によろしく伝えてもらいたい。願わくは、彼らをもっと幸福にしてあげていただきたい」とおっしゃっていました。それは政治的な問題ではありますが、最初にそのことをお伝えしておきます。

　昭和天皇は第二次世界大戦中の天皇でしたので、ドイツの半数以上の方は彼をアドルフ・ヒトラーのような人物であると思っておられますが、実際は、そうではありません。

（注）1945 年 7 月 26 日、ベルリン近郊のポツダムで、アメリカ・イギリス・中華民国が、日本に対して戦争終結の条件を示した宣言。日本はポツダム宣言を受諾し、終戦を迎えた。

I wrote about another world in *The Laws of the Sun*. Here, we are living in the third dimensional world, but when we leave this world, we enter into the fourth dimensional world. Here, this fourth dimensional world, we have a heavenly part and a hellish part. People who lived, in a nutshell, badly go to hell and who generally lived good go to heaven. This is the first step.

私は(著書の)『太陽の法』の中であの世について書いています。私たちはこの三次元世界に生きておりますが、この世を去った時には四次元世界に入っていきます。この四次元世界には天国の部分と地獄の部分があります。一言でいうと「悪い生き方」をした人は地獄に行き、「全体として良い生き方」をした人は天国に行きます。これが最初の段階です。

 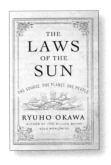

『太陽の法』(幸福の科学出版刊)とその英訳版 *The Laws of the Sun* (New York: IRH Press, 2018)
The Japanese and English versions of *The Laws of the Sun*.

1 My Impression of Germany and the Message from Emperor Showa in My Dream

Then, next step is the fifth dimensional world. This is the world of good people like you, as you think you are, or more than that, you are. Good people are living in the next dimension. And the sixth dimensional world is the world of people who are near "small god"-

Dimensional Structure of the Other World

Ninth Dimension – Cosmic Realm:
Realm of the Saviors

Eighth Dimension – Tathagata Realm:
Realm of spirits who were central figures in shaping the history of different eras

Seventh Dimension – Bodhisattva Realm:
Realm of spirits whose main focus is to help others

Sixth Dimension – Light Realm:
Realm of divine spirits and specialists

Fifth Dimension – Goodness Realm:
Realm of good-hearted spirits

Fourth Dimension – Astral Realm:
Realm where people go to immediately after death

Third Dimension – Earthly Realm

そして次の段階が五次元の世界です。ここは「善人の世界」です。ちょうど、皆様のような、皆様が自分でそうだと思っておられるような。皆様は、あるいはそれ以上でいらっしゃるでしょうが。善人たちが（四次元の）次なる（五）次元に住んでいます。そして六次元世界は、「小さな神に近い人たちの世

あの世は、各人の信仰心や心境の高さに応じて住む世界が分かれており、四次元幽界から九次元宇宙界まである。地獄界は、四次元のごく一部に存在している。
The other world is divided into different realms from the fourth dimensional Astral Realm to the ninth dimensional Cosmic Realm. Each spirit lives in the realm that corresponds to his or her level of faith and state of mind. Hell is just a small portion of the fourth dimension.

like people. For example, great politicians, scholars, or other great people who made a lot of influence on the people of the world. This is the sixth dimensional world.

I mentioned about Emperor Hirohito. He is living in this sixth dimensional world now, but the lower part of the sixth dimensional world. He, himself was one of the national gods of Japan, so when he was born, he might have come from the upper side of the sixth dimensional world. But through the Second World War and by living 40 years after it and making the Japanese economic prosperity, what he did was a little bad and a little good, so totally, he was judged as the lower part of the sixth dimensional world.

界」です。たとえば、偉大な政治家や学者であると
か、世の人々に大きな影響を与えた立派な人たちで
す。これが六次元の世界です。

　昭和天皇について述べました。彼は今、この六次
元世界に住んでいますが、六次元世界の下段階で
す。彼自身は日本の民族神の一人であり、生まれた
時は六次元の上段階から来たものと思われます。し
かし、第二次世界大戦を経て、またその後40年間
生きて日本に経済繁栄をもたらしたため、彼の為し
たことには悪いことも良いことも少しずつあったと
いうことで、トータルでは六次元世界の下段階と判
定されたわけです。

2 The Status Quo of the Spirit of Hitler and the Purification of Europe

Then, next you want to hear about Adolf Hitler. This might be the hidden part of Germany, but I'm a foreigner and I don't know about Germany a lot. I will say something, but it's a foreigner's opinion, so please hear about that not so seriously. It's just my impression and just my opinion. Not all of the Japanese people think so, but I just think so.

I already published the spiritual message

2　ヒトラー霊の現状と
　　ヨーロッパの浄化

　そうなると、次は、アドルフ・ヒトラーについて
お聞きになりたいでしょう。これはドイツの秘さ
れた部分かもしれません。ただ、私は外国人です
ので、ドイツについて、それほど知っているわけ
ではありません。私が何かを申し上げても一外国
人の意見ですので、あまり深刻に聞きすぎないで
ください。あくまで私の印象であり私の意見であ
って、日本人全員がそう考えているわけではなく、
私がそう考えているにすぎません。

　私はすでにアドルフ・ヒトラー総統の霊言を発

from Führer Adolf Hitler.* He became warmer and warmer recently because we Happy Science worked a lot and he can rely on the new movement in the spiritual meaning. It means we opened the German branch temple and dispatched a lot of books in German, French and other languages, so there occurred purifying of Europe in these 30 years and their sin is becoming lighter and lighter, year by year.

2 ヒトラー霊の現状とヨーロッパの浄化

刊しています（注）。彼は最近では、次第に温か
さを感じられるようになってきています。私たち
幸福の科学が熱心に活動してきましたので、彼は、
霊的な意味において、この新しい運動に頼ること
ができているのです。すなわち、私たちがドイツ
支部を開き、ドイツ語やフランス語、その他の言
語の経典を数多く発刊していますので、ここ30年
でヨーロッパの浄化がなされており、彼らの罪は
年々、軽くなってきています。

　（注）2010年6月2日と2016年3月25日にヒトラーの霊言を収録した。『国
家社会主義とは何か』『ヒトラー的視点から検証する　世界で最も危険な独
裁者の見分け方』（共に幸福の科学出版刊）参照。

★Happy Science recorded spiritual interviews with Hitler on June 2, 2010 and
March 25, 2016. See *Kokka Shakaishugi towa nani ka* (lit. "What is National
Socialism?") (Tokyo: IRH Press, 2010) and *Hitler teki Shiten kara Kensho suru Sekai
de Mottomo Kiken na Dokusaisha no Miwake kata* (lit. "Investigating from Hitler's
Perspective: How to Identify the World's Most Dangerous Dictator") (Tokyo:
IRH Press, 2016).

2 The Status Quo of the Spirit of Hitler and the Purification of Europe

So, he is not so great a demon nowadays.*
He is waiting for your new activities. This is
a very difficult theme, but I want to say about
this firstly.

---

*Spirits in hell who actively commit evil are called "devils." Hitler is still going
through the process of self-reflection in hell, but even a devil like him could
reform and revert to an ordinary hellish spirit. Should they improve further and
people's grudge toward them weaken, they could escape from hell.

28

2　ヒトラー霊の現状とヨーロッパの浄化

　ですから、彼は現在では、それほど大きな悪魔ではなくなっており（注）、皆様の新しい活動を待っているのです。これは非常に難しいテーマではありますが、最初にそのことをお話ししておきたいと思います。

（注）地獄に堕ちた霊のうち、積極的に悪を犯している存在を悪魔と呼ぶ。ヒトラーは現在も地獄で反省中だが、悪魔といえども、改心すれば普通の地獄霊に戻り、さらに、反省が進み、かつ人々の恨みの念が薄らげば、地獄から出ることができる。

3 The 20th Century: a Century of War and Racial Hatred

Hitler got his legitimacy in 1933 and established anti-Semitism laws, or anti-Jewish laws, in 1935, but at that time, he studied a lot from the United States of America. In the United States of America, there were also discrimination laws, for example, discrimination against the Native American Indians. There were several million Native American Indians, but White Americans killed a lot of Native Americans, so at that time, there was only one-tenth of Native American Indians left.

3　20世紀は
「戦争」と「人種間の憎しみ」の世紀

　ヒトラーは1933年に合法的に権力の座に就き、1935年に反ユダヤ人法を成立させましたが、彼は当時アメリカ合衆国から多くを学んでいました。アメリカにも人種差別法があったのです。たとえばネイティブ・アメリカン（インディアン）に対する差別です。ネイティブ・アメリカンは何百万人もいましたが、白人のアメリカ人がネイティブ・アメリカンを大量に殺害したため、ネイティブ・アメリカンは10分の1だけになってしまいました。

At the same time, there was discrimination regarding African Americans. At that time, they were called "Negroes." When we study history, at the age of Abraham Lincoln, the black people had been emancipated, we usually think like that. But after the assassination of Abraham Lincoln, 100 years had passed and at that time, there was discrimination against black people and also yellow people including the Chinese, Koreans, and Japanese. So, Martin Luther King, Jr. fought against discrimination in the 1960s. That's the truth.

So, the Second World War had a great connection with racism. After this war, there occurred the independence of India from the United Kingdom, and other countries of Asia

3 20世紀は「戦争」と「人種間の憎しみ」の世紀

　それと同時に、アフリカ系アメリカ人に関する差別もありました。彼らは当時、「ニグロ」と呼ばれていました。歴史を勉強すると、通常、黒人はエイブラハム・リンカンの時代に解放されたと思っていますが、エイブラハム・リンカンが暗殺されてから100年が経った当時でも差別はありました。黒人差別や、中国人・韓国人・日本人も含めた黄色人種に対する差別です。ですから、マーティン・ルーサー・キング・ジュニアが1960年代に差別と闘ったわけです。それが真相です。

　ですから、第二次世界大戦は「人種差別」と深く関係しています。この戦争の後、インドがイギリスから独立し、アジアの他の国々も植民地から脱しました。さらにはご存じの通り、南アフリカ

from colonization. As you know, Nelson Mandela of South Africa became the president of that country in 1994. At that time, a black person became the president. Next, as you know, President Barack Obama became so in the United States.

So, the 20th century was a century of war, but in another meaning, it was a century of hatred of races. We must learn a lot about that. I said the anti-Semitism laws, or anti-Jewish laws, were established in Germany in 1935, which were called the Nuremberg Laws.* They were very much influenced by the United

*The Nuremberg Laws are the two laws, "Law for the Protection of German Blood and German Honor" and "Reich Citizenship Law." The name comes from Nuremberg, a city where the Nazi Party held a rally and enacted the laws on September 15, 1935. The laws stripped the Jewish of their citizenship.

3 20世紀は「戦争」と「人種間の憎しみ」の世紀

のネルソン・マンデラが1994年に同国の大統領に
なりました。この時、黒人が大統領になったわけ
です。その次が、ご存じの通り、アメリカのバラク・
オバマ大統領です。

　ですから、20世紀は「戦争の世紀」ですが、別
の意味では「人種間の憎しみの世紀」でもありま
した。そのことを良く学んでおかなければなりま
せん。反ユダヤ人法が1935年にドイツで成立した
と言いましたが、当時それは「ニュルンベルク法」
（注）と呼ばれており、米国法から大きな影響を
受けたものでした。アドルフ・ヒトラーはフランク

（注）「ドイツ人の血と名誉を守るための法律」と「帝国市民法」という2
つの法律のこと。1935年9月15日、ニュルンベルクでのナチス党大会で制
定されたため、こう呼ばれる。この法律により、ユダヤ人は市民権を奪われ
た。

States law. Adolf Hitler also admired Franklin Roosevelt. He did the New Deal policy. It's Keynesian economics. He led the Tennessee Valley Authority plan. Hitler praised Roosevelt a lot and was influenced by him a lot. Germany recovered from the recession that came from the ruin of the First World War.* After that, he did too much and killed a lot of Jewish people. It's true, it's a sin. He cannot escape from that conclusion.

But at that age, the 20th century, people of the world were thinking about what is racism,

---

*Hitler restored the economy by building Autobahn among other things. He adopted the Keynesian concept that "unemployment will improve and the economy will recover if the government invests into public infrastructure," just like how Roosevelt enacted the New Deal.

リン・ルーズベルトのことも称賛していました。ルーズベルトはニューディール政策を実行しましたが、これはケインズ経済学です。彼はテネシー渓谷開発計画を実施しました。ヒトラーはルーズベルトを大変称賛し、大いに影響されたのです。そして、ドイツは第一次世界大戦の荒廃による不況から復興を遂げました（注）。彼がやりすぎたのは、そこからです。多くのユダヤ人を殺害しました。それが真実であり罪であり、彼はその結論から逃れることはできません。

　しかし、20世紀という時代に世界の人々は、「人種差別とは何か。善悪とは何か。何が神に由来し、

　（注）ヒトラーは、アウトバーンなどをつくり経済を立て直した。これは、ルーズベルトのニューディール政策と同じく、経済学者ケインズの「政府が公共投資を打てば、失業対策になり、景気も持ち直す」という主張をとり入れたものだった。

what is good and evil, what comes from God, and what comes from Hell, so this was a very important experience and we paid a lot of cost about that. Here, in Europe, more than 50 million people were killed. It's a sadness. Germany lost twice; the First World War and the Second World War.

何が地獄に由来するのか」について考えておりましたので、これは非常に重要な経験であり、それに関して多くの代償を払うこととなりました。ここヨーロッパでは５千万人以上の人が亡くなりました。悲しいことです。ドイツは二度の敗戦を味わいました。第一次世界大戦と第二次世界大戦です。

4 The Most Important Thing is "Love for the Future"

Now, the age, situation, and societies are changing. The EU started and at the first stage of the EU, Germany was the center of economy of the EU. They, the people of Europe and the people of the world, thought like that. The second stage began in 2003. It's the starting year of the Iraq War. Next was the 2008 Lehman Brothers collapse,* the Great Recession. Around this time, Germany changed into another appearance, I mean,

---

*The bankruptcy of Lehman Brothers, which was an American investment bank, and a worldwide recession that followed it.

4　最も大切なことは「未来への愛」

　そして今、時代と状況が変化し、社会が変化しています。ＥＵが始まりました。ＥＵの第一段階では、ドイツはＥＵ経済の中心でした。ヨーロッパの人々も世界の人々もそう思っていました。そして2003年には、第二段階が始まりました。これはイラク戦争が始まった年です。その次が2008年のリーマン・ショック（注）、大不況でした。そのあたりの時期に、ドイツは違った姿を見せるようになりました。すなわち、ドイツはＥＵ全体や他の国々に政治的な影響力を持つようになりました。

（注）米投資銀行リーマン・ブラザーズの経営破綻、および、それをきっかけに世界的規模の大不況が起きたこと。

Germany came to have political influence on, of course, all the EU and other countries. Not only the economy, but also the politics. So, you are in the process of changing Germany. I think so.

But the most important thing is today's theme, "Love for the Future." It's regarding the future. You lost twice, but next, you'll never fail again. The Third World War will occur around the South China Sea between 2025 and 2050. The United States and Japan are preparing for that. Xi Jinping has dictatorship in Beijing and he, himself, appeared like Adolf Hitler's Nazism, Italian Fascism, or Soviet Union Stalinism-like movement.

We are near China, so we're looking at

4　最も大切なことは「未来への愛」

「経済」だけでなく「政治」においてもです。ですから、皆様はドイツを変革する過程の中にあると思います。

　されど、最も大切なことは、本日の演題である「未来への愛」です。未来に関することです。ドイツは二度、敗れましたが、今度こそ決して失敗しないことです。第三次世界大戦が南シナ海周辺で、2025年から2050年の間に起きるでしょう。アメリカと日本はそれに対して備えを始めています。習近平は北京で独裁権力を握っており、彼自身がアドルフ・ヒトラーのナチズムやイタリアのファシズムやソビエト連邦のスターリニズムのような動きを見せています。

　日本は中国に近いので、中国を見ており、未来

43

China and we can foresee the future. For example, China, after the Second World War, invaded Tibet, the Buddhist country. Next was Uyghur; they were conquered and occupied, and then Mongolia were.

Now, they are changing Hong Kong. Hong Kong was promised to continue its freedom system for 50 years, but within 20 years, they are suppressed by Beijing. Now, they experienced the Umbrella Revolution* already. The Umbrella Revolution, only three or four years before that, I made a lecture in

---

*The Umbrella Revolution was a democratization movement that occurred in Hong Kong in 2014. Students participated in a large-scale protest calling for a freer election after the Chinese government tried to screen candidates for the election of the chief executive of Hong Kong. The movement got its name after people used umbrellas to resist against pepper spray used by the police.

4　最も大切なことは「未来への愛」

を予見することができます。たとえば、中国は第
二次世界大戦の後、仏教国であるチベットに侵攻
しました。次がウイグルであり、彼らも征服され
占領されました。さらには内モンゴルもです。

　そして、彼らは現在、香港を変えようとしてい
ます。香港は50年間、自由主義制度を継続すると
約束されていたにもかかわらず、20年も経たない
うちに中国政府から抑圧されています。今では彼
らは、すでに「雨傘革命」（注）を経験しています。
雨傘革命については、そのわずか3、4年前に、
私は香港で講演をし、「あなたがたは第三の道を

　（注）2014年、香港で起きた民主化運動。中国政府が、香港の行政長官を
選ぶ選挙において立候補者を制限しようとしたため、学生が普通選挙の実施
を求めて大規模なデモ活動を行った。警察の催涙弾に傘をさして対抗したこ
とから「雨傘革命」と呼ばれる。

4 The Most Important Thing is "Love for the Future"

Hong Kong and said to them, "You should choose the third way." They were thinking just to escape from China or just to be included in China, but I indicated that, "You should have enough influence on Beijing. Beijing should be changed like Hong Kong and Taiwan."* Beijing must never conduct like Fascism, Nazism, or Stalinism-like countries.

愛読者プレゼント☆アンケート

『Love for the Future』のご購読ありがとうございました。今後の参考とさせていただきますので、下記の質問にお答えください。抽選で幸福の科学出版の書籍・雑誌をプレゼント致します。
（発表は発送をもってかえさせていただきます）

1 本書をどのようにお知りになりましたか？

① 新聞広告を見て ［新聞名：　　　　　　　　　　　　　　　　　　　　　　　　　］
② ネット広告を見て ［ウェブサイト名：　　　　　　　　　　　　　　　　　　　　　］
③ 書店で見て　　　　④ ネット書店で見て　　　　⑤ 幸福の科学出版のウェブサイト
⑥ 人に勧められて　　⑦ 幸福の科学の小冊子　　⑧ 月刊「ザ・リバティ」
⑨ 月刊「アー・ユー・ハッピー?」　　⑩ ラジオ番組「天使のモーニングコール」
⑪ その他 (　　　　　　　　　　　　　　　　　　　　　　　　　　　　　　　　)

2 本書をお読みになったご感想をお書きください。

3 今後読みたいテーマなどがありましたら、お書きください。

ご感想を匿名にて広告等に掲載させていただくことがございます。ご記入いただきました
個人情報については、同意なく他の目的で使用することはございません。
ご協力ありがとうございました！

郵便はがき

1 0 7 - 8 7 9 0
112

料金受取人払郵便

赤坂局承認

5565

差出有効期間
2020年6月
30日まで
(切手不要)

東京都港区赤坂2丁目10-14
幸福の科学出版(株)
愛読者アンケート係 行

||||·|·||·||||·||·||·|||·|·|·|·|·|·|·|·|·|·|·|·||·|·|||

フリガナ お名前		男・女	歳
ご住所　〒　　　　　　　　　都道府県			
お電話 (　　　　　　) 　—			
e-mail アドレス			
ご職業	①会社員 ②会社役員 ③経営者 ④公務員 ⑤教員・研究者 ⑥自営業 ⑦主婦 ⑧学生 ⑨パート・アルバイト ⑩他 (　　　　　)		
今後、弊社の新刊案内などをお送りしてもよろしいですか？　(はい・いいえ)			

選ぶべきである」と言いました。彼らは、中国から逃げるか、さもなくば中国に呑み込まれることしか頭にありませんでしたが、私は「あなたがたが北京に対し、十分な影響力を持つべきである。中国政府のほうが香港や台湾のように変わるべきである」と指摘しました（注）。中国政府は断じて、ファシズムやナチズムやスターリニズム国家のような行動をしてはなりません。

（注）2011 年 5 月 22 日、香港巡錫において開催された講演会 "The Fact and The Truth"（「事実」と「真実」）のなかで、「香港がリーダーとなって中国を啓蒙すべきである」と訴えた（写真左。九龍湾国際展貿センター／香港、九龍）。『大川隆法 フィリピン・香港 巡錫の軌跡』（幸福の科学出版刊・写真右）参照。

★ The author gave a lecture on May 22, 2011 as a part of his missionary tour to Hong Kong. In a lecture titled "The Fact and the Truth," he called out to the audience, saying that Hong Kong should become the leader and enlighten China (Photo left: Kowloonbay International Trade & Exhibition Centre in Kowloon, Hong Kong). See *Okawa Ryuho Philippines Hong Kong Junshaku no Kiseki* (lit. "The Footsteps of Ryuho Okawa's Missionary Tour to the Philippines and Hong Kong") (Tokyo: Happy Science, 2011. Photo right).

It's going on, but someone must stop that. For example, China is very far from here, Germany. Regarding your foreign trade amount, number one is China. It's too far from you, but around China, I mean Taiwan, Vietnam, the Philippines, Thailand, Myanmar, Sri Lanka, and Nepal, these countries are under the shadow of a gigantic empire. It's imperialism and more-than-imperialism, it's totalitarianism. They are fearing about that. So, sometimes, for example, the Philippines or Vietnam, they asked Japan, "Please provide us patrolling ships, 10 or more than that." It's a very dangerous situation.

China has missiles in the South China Sea area. Even the United States Seventh Fleet is

4　最も大切なことは「未来への愛」

　それは現在、進行中ですが、誰かが止めなけれ
ばなりません。たとえば、中国はここドイツから
は遠く離れています。ドイツの貿易額が多い相手
国の一番目は中国です。ドイツからは非常に遠い
わけですが、中国の周辺の国々、台湾、ベトナム、
フィリピン、タイ、ミャンマー、スリランカ、ネパ
ール、これらの国々の上を巨大帝国の影が覆って
います。これは「帝国主義」であり、帝国主義以
上のもの、「全体主義」です。彼らはそれに恐れ
を抱いています。ですから、フィリピンやベトナ
ムは日本に「巡視船を 10 隻あるいはそれ以上、供
与してほしい」と依頼してきたことがあります。
きわめて危険な状況です。

　中国は南シナ海域にミサイルを配備しています。
アメリカの第七艦隊も、中国内陸部からのミサイル

4 The Most Important Thing is "Love for the Future"

included in their missile attack plan from inside of China.* Japan is now researching the next defensive missile with the speed of Mach 5 or faster to protect United States aircraft inside of Chinese missile range. This is the reality.

---

*The U.S. Seventh Fleet is a fleet of U.S. Navy ships that covers the area from the western Pacific to the Indian Ocean. China has set up ballistic missiles, inland, that can attack the seventh fleet aircraft carrier.

4　最も大切なことは「未来への愛」

攻撃の計画に含まれています（注）。日本も現在、中国のミサイル射程に入るアメリカの航空機を守るために、マッハ5以上の速度を持つ次世代防御用ミサイルに関して研究しています。それが現実です。

（注）第七艦隊は、米海軍の艦隊の一つで、西太平洋からインド洋までを管轄する。中国は、第七艦隊の空母も攻撃できる弾道ミサイルを内陸部に配備している。

5 Teach China about Freedom, Democracy, and Faith

So, I just want to say that Chancellor Merkel earned a lot from China, I know. Of course, I know. It's of course good for the refugees from Africa and the Middle East. It's OK, of course. But if you choose one country, for example, Russia or China, it will change the future of human beings.

What if you choose China and you obey the One Belt One Road strategy of Xi Jinping, the Maritime Silk Road system? China lends a lot of money to the countries of the road, but if they, for example, Sri Lanka or another Middle East country, cannot pay back the

5　中国に「自由・民主・信仰」を教えよ

　ですから、私が申し上げたいのは、メルケル首相が中国を相手に大いに稼いでいることは、もちろん知っています。それはもちろん、アフリカや中東からの難民のためにはいいことです。それ自体は構いませんが、たとえばドイツが、ロシアと中国のどちらか一つを選ぶとしたら、それによって人類の未来が変わります。

　もし中国を選び、習近平の「一帯一路」戦略、すなわち「海のシルクロード体制」に従うとしましょう。中国はその一路の周辺国に多額のお金を貸していますので、たとえばスリランカや他の中東の国がその借金を返せない場合は、中国はその国を占領します。それが彼らの思惑です。

money lent, China occupies that country. That is their thinking.

The final aim is to control Germany. If they can control Germany, they can control the EU. This is their final strategy. So, please be wise about that. The opinion of German people is that they dislike Putin's Russia, I hear like that. But Putin believes in God. Xi Jinping does not believe in God at all. Please listen to this fact carefully.

Jesus Christ is crying about the suppression

5 中国に「自由・民主・信仰」を教えよ

そして、最終目的はドイツを支配することです。中国はドイツを支配できればEUを支配できます。これが彼らの〝最終戦略〟です。ですから、この点に関して賢明であってください。ドイツの国論としてはプーチンのロシアが好きではないと聞いています。ただ、プーチンは神を信じていますが、習近平は神をまったく信じていません。どうか、この事実に注意深く耳を傾けてください。

イエス・キリストは、中国で起きている抑圧に

ウラジーミル・プーチン氏の本心を明かした『日露平和条約がつくる新・世界秩序　プーチン大統領守護霊 緊急メッセージ』（幸福実現党刊）
Nichiro Heiwa Joyaku ga tsukuru Shin Sekai Chitsujo Putin Daitoryo Shugorei Kinkyu Message (lit. "A New World Order by the Japan-Russia Peace Treaty: An Urgent Message from the Guardian Spirit of President Putin") (Tokyo: HRP Press, 2018) reveals the true thoughts of Vladimir Putin.

in China. There are formal Christian churches in China, but they are under the control of the Chinese government. In addition to that, there are underground churches in China. One hundred million people belong to those underground churches. They are in danger now. There are a lot of secret police like there were in East Germany, so Christian people are losing their faith now.

In addition to that, I said about Uyghur. It's East Turkistan Republic, they say, but one million to two million people are in re-education camps now. A lot of people are killed under the name of surgery, I mean, their hearts or their kidneys are taken in the name

涙を流しています。中国には公認のキリスト教会がありますが、それらは中国政府のコントロール下にあります。それとは別に中国には地下教会があり、1億人が地下教会に属していますが、彼らは現在、危機に瀕しています。東ドイツにあったような秘密警察が大勢いるため、キリスト教徒は今、信仰を失いつつあるのです。

それに加えて、先程ウイグルについてお話ししました。そこの人たちは「東トルキスタン共和国」と呼んでいますが、そこでは現在、100万人から200万人もの人々が再教育キャンプに収容されています。そして、多くの人たちが「手術」という名目で殺されています。医療手術という名目で心

of medical surgery. It's almost like Auschwitz, I think so.

Please think about that and trade a lot with China. It's OK that they have an expansionist ambition, but at that time please say to them, "Believe in God. Have faith in God. Give people freedom. Give people democracy. Give people religion. These are the fundamental rights of human beings."

5 中国に「自由・民主・信仰」を教えよ

臓や腎臓を取られているのです。これはアウシュビッツ同然であると思います。

こうしたことを考え、その上で、中国と盛んに貿易をしてください。彼らが拡張主義的な野望を抱いていること自体は構いませんが、それと同時に、彼らに言っていただきたいのです。「神を信じてください。神への信仰を持ってください。人々に自由を与え、民主主義を与え、宗教を与えてください。それが人間としての根本的権利です」と。

習近平氏の本心を明らかにした『習近平守護霊ウイグル弾圧を語る』(幸福の科学出版刊)。この中で、習近平守護霊は、ウイグル強制収容所の実態や世界支配への野望などを語っている。
Xi Jinping Shugorei Uyghur Dan'atsu wo Kataru (lit. "The Guardian Spirit of Xi Jinping Speaks on Uyghur Oppression") (Tokyo: IRH Press, 2018) reveals the true thoughts of Xi Jinping. In the book, the guardian spirit of Xi Jinping talks about the actual state of concentration camps in Uyghur, his ambition for world domination, and so on.

6 Let God Follow Up on the Lost Jewish People

It's one illustration, one example, but around the world there are other countries like China. We must refuse countries which don't permit the people to believe in God and live like humans. We need freedom. We need democracy. We need religion. So, our movement includes that kind of direction. We will never make a mistake again.

In Japan also, I declare that. In Japan, orthodoxly and superficially, people don't want to speak about religion, but in reality, we Happy Science is a subculture of Japan. We are showing direction, for example, guiding the

6　迷えるユダヤ人のことは神に任せよ

　それは一つの例ではありますが、世界には他に
も中国のような国があります。国民が神を信じて
人間らしく生きることを認めないような国は、拒
否しなければなりません。私たちには「自由」が
必要です。「民主主義」が必要です。「宗教」が
必要です。ゆえに、私たちの運動は、そうした方
向性を含むものです。私たちは二度と間違いを犯
すことはないでしょう。

　私は日本でも同じことを述べています。日本で
は通常、表面的には、宗教について話そうとしま
せんが、実際には私たち幸福の科学が日本のサブ
カルチャーとなっています。私たちが方向性を示
しているのです。たとえば安倍政権を正しい方向

Abe regime to control their direction correctly.

So, please hear my words. The Abe administration is at a loss regarding the relationship between Russia and Japan. It's because of the Ukrainian problem. The EU, especially Germany, dislikes Putin's Russia and its effects reach Japan. Mr. Abe does not have enough relation now, so we Happy Science made a relationship with Donald Trump and Mr. Putin, and we were in contact with Angela Merkel recently.* So, we must change

6　迷えるユダヤ人のことは神に任せよ

に導いています。

　ですから、どうか私の言葉をお聞きください。安倍政権は、ロシアと日本の関係をどうすればいいか途方に暮れています。「ウクライナ問題」のためです。ＥＵが、特にドイツがプーチンのロシアを嫌いなので、その影響が日本にも及んでいるのです。安倍さんは現在、十分な関係を築けていませんので、私たち幸福の科学がドナルド・トランプやプーチン氏と関係を築き、先日はアンゲラ・メルケルとも接触しました（注）。ですから、私たちが未来を変えていかなければいけません。「第

（注）本講演の9日前の2018年9月28日、メルケル首相の守護霊霊言を収録した。『スピリチュアル・インタビュー　メルケル首相の理想と課題』（幸福の科学出版刊）参照。

*Happy Science recorded a spiritual interview with the guardian spirit of Chancellor Merkel on September 28, 2018, nine days before this lecture. See *Spiritual Interview Merkel Syusho no Riso to Kadai* (lit. "Spiritual Interview: The Ideal and Challenges of Chancellor Merkel")(Tokyo: IRH Press, 2018).

the future. We must stop the Third World War.

You regret a lot about the Jewish.

I know you did a lot.

Enough. It's enough!
It's a voice of God. Enough.
Next, it's in charge of God.
Please let God follow up
On the lost Jewish people.
We can, of course.
And please choose to build
A shining, brighter future.
Never make mistake in choice.

6　迷えるユダヤ人のことは神に任せよ

三次世界大戦」を止めなければなりません。

　ドイツの皆様は、ユダヤ人に関して

深い後悔の念をお持ちです。

皆様が多くのことをしてきたのは

存じ上げています。

十分です。もう十分なんです！

これは神の声です。十分です。

そこから先は、神の手に委ねられています。

迷えるユダヤ人たちのことは

神に任せてください。

それは可能なことなのです。当然です。

そして、もっと明るく輝く未来を

築く道を選んでください。

決して選択を間違えてはなりません。

7 Stop the Third World War and Believe in the God in Heaven

I said too much. This is the first lecture in Germany, and it includes the U.K. people and the French people here. So, it's a little difficult for me to say the truth, but we must stop the Third World War. It will start from the South China Sea through Xi Jinping's expansionism, his hegemony. It's a problem.

So, being kind to them in trading and earning money, it's OK, but say something to them.

"Be democratic.

Give the people liberty, freedom.

7 「第三次世界大戦」を止め、
　 天なる神への信仰を

　私は多くを語りすぎてしまったようです。今日
はドイツでの最初の講演であり、イギリスやフラ
ンスの方もこの場にいらっしゃいますので、真実
を語るのはやや難しいのですが、第三次世界大戦
は止めなければなりません。それは習近平の拡張
主義、覇権を通して、南シナ海から始まるであり
ましょう。それが問題なのです。

　ですから、貿易をしてお金を稼ぐ上で彼らに親
切に接するのは構いませんが、彼らに対して何か
を言っていただきたいんです。

　「民主的であってください。

　人々に自由を与えてください。

And don't kill the people
Who have faith in God."

Even if their name is Islam,
Christianity, Japanese Shintoism,
Or other religions,
In conclusion, they are the same.
There is one Teacher in heaven.
There is one God in heaven.
There is one Father in heaven.
I have been teaching you about that.

Our movement in Europe is still small,
But in this century,
We will change the direction of the world.

そして、神への信仰を持つ人々を
殺してはいけません」

たとえ、その名はイスラム教であっても
キリスト教、日本神道
その他の宗教であっても
結論において、それらは同じものなのです。
天なる教師は一人です。
天なる神は一人です。
天なる父は一人です。
私は、そのことを説き続けてまいりました。

ヨーロッパでの私たちの運動は
まだ小さなものですが
今世紀中に私たちは
世界の方向性を変えていきます。

Stop the world war

And let the people believe in God.

And live as God loves them.

I ask you like that.

This is my lecture.

Vielen Dank ("Thank you very much" in German).

世界大戦を止め

人々に神を信じさせてください。

そして、神が人々を愛しているが如く

それと同じ生き方をしてください。

それを皆様にお願いしたいと思います。

説法は以上です。

（ドイツ語で）ありがとうございました。

Q1 Regarding Missionary Work in France

Q. What should be our attitude regarding missionary work in France? Could our faith lessen natural catastrophes in the future?

Ryuho Okawa To tell the truth, the Japanese people like the French people more than they do the German people. Before the Second World War, the Japanese people respected the German people a lot, but after that, the Japanese people came to like the French people and admire the French people in the area of, for example, the arts, culture, or fashion. We have a

質問1　フランスにおける
　　　　　伝道活動について

質問：フランスにおける伝道活動の姿勢はどうあるべきでしょうか。私たちの信仰心によって、将来起こりうる天変地異を和らげることはできるのでしょうか。

大川隆法　実を言うと、日本人はドイツ人よりフランス人のほうが好きなのです。第二次世界大戦以前は、日本人はドイツ人を非常に尊敬していましたが、その後は日本人はフランス人が好きになり、芸術や文化やファッションなどの分野でフランス人に憧れ、大変尊敬しています。もちろん「食」の面もあります。

lot of respect for you. And of course, the food.

But we ask you this. The people in France have been lacking philosophy after the Second World War. Their philosophy is like, how do I say, a mathematics-changed philosophy, I mean, they don't think seriously about the rule of human beings or the superior thinking of human beings, but live as it is. This is the tendency of yours. So, the French literature doesn't have enough effects on us now. It's lack of real faith, I think so.

In another way of saying, it's a decline of the Roman Catholic, I think so. The people of France formally believe in Roman Catholicism, but actually, they don't believe in Catholicism. It's from the lack of real spiritualism, I think so.

質問1　フランスにおける伝道活動について

　ただ、お願いしたいことは、第二次世界大戦後のフランス人には「哲学」がありません。彼らの哲学は何と言うか、〝数学の変化形〟のような哲学であり、要は、人間存在に関するルールや、人間存在についての高度な思考について真剣に考えることがなく、〝あるがままに生きていく〟というのが、あなたがたフランス人の傾向になっています。ですから現在では、フランス文学は日本人に対し、あまり影響力を持っていません。これは、本物の信仰が欠けているのだと思います。

　それは別の言い方をすれば、「ローマ・カトリックの衰退」であると思います。フランス人は公式にはローマ・カトリックを信じていることになっていますが、実際にはカトリックを信じてはいません。「本物のスピリチュアリズム（心霊主義）」

They don't know—"they" means the Italian religions and of course the French religions—they lack spiritual thinking. Only exorcism indicates spiritualism, but it's a very small world.

I know a lot about the spiritual world, so it's our turn to teach you about the spiritual world. We know a lot about the spiritual world. Even the Roman Catholics don't know about the real spiritual world and God's Truth. They don't have enough knowledge about, for example, reincarnation or the beginning of life.

For example, people believe in the soul, that there is a soul, and its beginning is marriage, they think so. But, before that, there are a lot of souls in the heavenly world, so they are waiting

が欠けているからだと思います。イタリアの宗教や、もちろんフランスの宗教も含めて、「霊的な考え方」が欠けているのです。エクソシズム（悪魔祓い）にだけスピリチュアリズムが表れてはいますが、それは非常に狭い世界でしかありません。

　私は霊的世界のことを良く知っていますので、今度は私たちが霊的世界について教えて差し上げる番です。私たちは霊界について良く知っています。ローマ・カトリックであっても、本当の霊的世界や神の真理について知りません。たとえば、転生輪廻や生命の始まりについて十分な知識がありません。

　例を挙げれば、魂の存在について、魂があるということは信じていますが、「魂が始まるのは結婚からだ」と思っています。しかし、それ以前に、天上界には数多くの魂がいて、この世に再び生ま

to be reborn again into this world. So, the marriage must be sacred regarding this matter.

Don't think about this world only. They don't know about the past life and they don't know about the afterlife. Only-this-world thinking and seeking for better life in this world only. It's a tendency of the French and of course other countries of the Western societies. So, "Be spiritual" is important, I think.

れ変わるのを待っているのです。ですから、その点において、結婚は神聖な営みでなければなりません。

この世のことだけ考えていてはいけません。彼らは過去世も、来世のことも知らないのです。この世だけの考え方で、この世の生活を良くしていくことしか求めていません。それがフランス人の傾向であり、西洋社会の他の国々も、やはりそうです。ですから、「霊的であれ」というのが大切なことだと思います。

Q2 The Connection between Beauty, Faith, and Wealth

Q. In the Q&A session you held in England in 2007, you taught, "Beauty is the gate to the Truth." Please teach us about the connection between beauty, faith, and wealth, so that we can spread the teachings and be happier.

Ryuho Okawa Original Christianity is apt to deny earning money and being wealthy. "Being wealthy means you cannot go to heaven. It's very difficult," Jesus said. But it's not enough. His explanation is not enough, I think.

Beauty requires a lot of money, of course. If it is a culture-like size, a large size, it requires, of

質問2 「美と信仰と富」の関係について

質問：2007年のイギリスでの質疑応答で「美は真理への門である」と教えていただきました。真理を広げ幸福を広げるために、「美と信仰と富」の関係についてお教えください。

大川隆法　元々のキリスト教は、お金を稼いで豊かになることを否定しがちです。「豊かであることは天国に入れないことを意味する。非常に難しいことだ」とイエスは言いましたが、それでは不十分です。彼の説明では十分ではないと思います。

　「美」には、やはり多くのお金が必要です。文化的な規模、大きな規模のものであれば当然、富

course, some kind of wealthy people's help or something like that. So, in that meaning, if the final destination or the final aim is correct and makes the people happier, money is not bad. It's the same as what Martin Luther in Germany said.

For example [*points to his watch on his left wrist*], I have a Lange & Sohne, you know, here in Deutschland. Lange & Sohne was born in Germany, so I wore this today, but this small Lange & Sohne, if I didn't buy this Lange & Sohne, I could have bought a Mercedes-Benz. So, it's your option; which do you like, a Mercedes-Benz or a Lange & Sohne? I preferred a Lange & Sohne because this is Germany and German people will find, "That

質問2 「美と信仰と富」の関係について

裕な人たちからの支援のようなものが必要となる
でしょう。その意味では、最終的な目的地や目標
が正しく、人々の幸福を増すものであれば、お金
は悪ではありません。それは、ドイツのマルティン・
ルターが言ったのと同じことです。

　たとえば私は（左手首の時計を示して）、ご当
地ドイツのランゲ＆ゾーネの時計をしているでしょ
う？　ランゲ＆ゾーネはドイツ生まれなので、
今日、してきたわけですが、この小さなランゲ＆
ゾーネを買わなければメルセデス・ベンツが買え
ます。ですから、メルセデス・ベンツとランゲ＆ゾ
ーネのどちらが好きかという選択の問題なのです
が、私はランゲ＆ゾーネのほうにしました。なぜ
なら、ここはドイツなので、ドイツの人たちがこれ
を見て「あれはランゲ＆ゾーネだ！　ドイツの時

is a Lange & Sohne! He bought our watch! It's very fantastic." They will think so. So, I did. I would never wear a Lange & Sohne in the U.K. [*laughs*] [*audience laughs*], of course. This is *omotenashi* ("hospitality" in Japanese) of Japan, the Japanese thinking.

So, my answer is "Live diligently. And if you have accumulation of wealth, if you succeed in accumulation of wealth, it means you have the glory of God. At that time, you can change the glory into beauty, and the beauty will lead to the next happiness for other people." OK?

Here, in Deutschland, I held this lecture, but we needed money for it. The Japanese people raised funds, 70 million yen, to open this

質問2 「美と信仰と富」の関係について

計を買ってくれたとは、すごいね！」と思ってもら
えるでしょうから、そうしたのです。もちろん、イ
ギリスではランゲ＆ゾーネはしませんよ（笑）（会
場笑）。これが日本の「おもてなし」です。日本
人の考え方です。

　ですからお答えとしては、「勤勉な生き方をし
てください。そして富の蓄積ができ、富の蓄積に
成功したなら、それは神の栄光が与えられたので
あり、そうすれば、その栄光を美に変えることが
でき、その美が他の人たちのさらなる幸せにつな
がっていくのです」ということです。よろしいで
すか。

　私は、ここドイツで講演をしていますが、その
ためにはお金が必要です。この講演会を開くため
に、日本の方たちが資金を７千万円集めてくれま

lecture. Thanks to them, it was possible to open this lecture in the Ritz-Carlton Hotel, right? If not, I must've had to make a lecture tens or hundreds of times in our branch temple.

So, if you live seriously, honestly, and earnestly, succeed in business, earn money, use it for a good direction and make next happiness for people in the name of beauty, it's a great thing. I think so.

Truth, goodness, and beauty. These three are making new profit in the real meaning in this world, I think. So, don't hesitate to produce beauty. If you walk the right way, it's a great one. I think so.

した。そのおかげでリッツ・カールトン・ホテルで
この講演ができているわけですね。そうでなけれ
ば、私は、支部精舎で何十回も何百回も話をしな
ければいけなくなります。

　ですから、あなたが真面目に、正直に、一生懸
命に生き、ビジネスで成功し、お金を稼ぎ、それ
を良き方向のために使い、「美」の名の下に、人々
にさらなる幸福をもたらすとしたら、素晴らしい
ことだと思います。

　「真・善・美」。この三つが、真の意味において、
この世界に新たな利益をもたらしていくと思いま
す。ですから、遠慮せずに美を生み出してくださ
い。あなたが正しい道を歩んでさえいれば、素晴
らしいものであると思います。

Q3 How Can Africa Break Free from Its Status Quo and See the Truth?

Q. Africa has a history of being colonized, and now, China has an agenda to occupy Africa. What can we do to emancipate Africa from these things, overcome the existing religions, and see the Truth of Happy Science?

Ryuho Okawa Ah, OK, OK. [*Audience applauds.*] This is not a lecture in Africa, but I'll answer you.

Firstly, I must say that the first human beings were and are the black people in Africa. This is the starting point of human beings. You can

質問3　アフリカが現状を脱却し
　　　　真理に気づくには

質問：アフリカには植民地化の歴史があり、現在は中国によるアフリカ占領計画があります。アフリカがこれらのことから解放され、既存の宗教を乗り越えて、幸福の科学の真理に気づくために、私たちにできることは何でしょうか。

大川隆法　はい、オーケー、わかりました。（会場拍手）今日はアフリカ講演ではありませんが、お答えします。

　まず申し上げなければならないのは、最初の人類はアフリカの黒人であった、黒人であるということです。それが人類の始まりです。これは信じ

believe and be proud of that. This is the first. The second are the yellow people and the third are the white people. This is the order in which they came to live in this world. So, be proud of that. In the near future, you'll easily understand from The Laws of the Universe. You will really understand about that. It's the first point.

(Note: There are people who say that black people were the first immigrants from outer space. According to the spiritual readings by Happy Science, the first humans created on Earth were semi-transparent; they became black in Africa and yellow in Asia. The first earthlings did not take on a definite color, but their color changed depending on where they lived. It should be noted that Queen Sheba of Ethiopia of the Old

て、誇りに思ってもらっていいでしょう。彼らが最初なのです。二番目が黄色人種であり、三番目が白人です。これが、この世に住むようになった順序です。ですから、その点は誇りを持ってください。そのことは近い将来、「宇宙の法」によって、わかりやすい形で理解していただけるでしょう。真に理解が進むと思います。これが第一点です。

（注。宇宙からの移住について、最初に黒色人種が来たという説が世間にあり、これを紹介したもの。幸福の科学のリーディングによれば、地球で最初に創られた人類は半透明で、アフリカでは黒色に、アジアでは黄色に変わっていった。最初の地球人は、色は明瞭ではなかったが、住む地域によって変化していった。なお、イエス以前の旧約聖書に登場するエチオピアのシバの女王やエジプトのクレオパトラは黒人で、当時は、白人が劣等民族と見なされ、ヨーロッパから奴隷

Testament and Cleopatra of Egypt, both before Jesus' time, were black people. During their time, the white people were considered an inferior race and were sometimes sold as slaves from Europe. Racial problems alternate from one civilization to another. In ancient humankind, there were people with blue skin. Among them were the Dogons, the descendants of people who came from planet Dogon, whose skin were also blue. The blue people were superior when the Dogons were superior.)

The second point is, as you said, colonization by the European people. It was a problem. About 500 years ago, Spanish priests or fathers, or Portuguese fathers, traveled around Africa

質問3　アフリカが現状を脱却し真理に気づくには

として売られていたこともある。人種問題は文明ごとに入れ替わりがある。古代の人類には、肌が青色のものもおり、そのうち、ドゴン星から来た宇宙人の末裔^{まつえい}で肌の色が青いドゴン族が優勢の時代は、「青」が優勢だった。）

　そして二点目が、あなたが言われた通り、ヨーロッパ人による植民地支配です。これは問題でした。500年ほど前、スペインの聖職者や神父たち、ポルトガルの神父たちがアフリカを旅して回り、

and examined the people who lived on the African continent and reported to the Vatican that, "The people who live on the African continent are not humans. Don't they have souls?" They reported like that. This was the origin of hatred or discrimination. It's continued till the Second World War.

After that, the United States of America won that World War, so they were admired as the champion of democracy and the champion of equality of rights. But in reality, the problem of black people occurred in the 1960s, the President Johnson era. They, the black people, fought against the North Vietnamese people, including the Chinese army, but they didn't have enough civil rights. It was a problem.

質問3　アフリカが現状を脱却し真理に気づくには

アフリカ大陸に住んでいる人たちを調査しました。彼らはバチカンに、「アフリカ大陸に住んでいるのは人間ではない。彼らには魂がないのだろうか」と報告したのです。これが憎悪あるいは差別の起源であり、それが第二次世界大戦まで続きました。

　その後、アメリカが世界大戦に勝利し、民主主義の擁護者や平等な権利の擁護者として称賛されるようになりましたが、実際には1960年代のジョンソン大統領の時代に黒人問題が起きました。彼ら黒人は、中国軍も含めた北ベトナムの人々と戦いましたが、彼らには十分な市民権がなかったのです。これは問題でした。

The origin of democracy, it came from Athens of Greece. Athens had to fight against Persia, which was at that time a gigantic empire. At that time, people who joined in the army of Greece could receive the rights of citizens of Athens. That was the starting point. So, during the Vietnam War, there occurred the black power movement and it changed the world after that.

The Japanese army made a failure in the Second World War. In some meaning, they did too much, I think, but in another meaning, after the Second World War, the Pacific War, all the colonies around the Pacific made independence. So partly, we did good and partly, we did bad. It's the conclusion. So, after

質問3　アフリカが現状を脱却し真理に気づくには

　民主主義の起源はギリシャのアテネから来ています。アテネ市民は、当時の巨大帝国であるペルシャと戦わなければなりませんでした。その時、ギリシャ軍に加わった人々は、アテネの市民権が得られました。これが出発点なのです。ですから、ベトナム戦争中にブラック・パワー運動が起こり、その後、世界を変えていきました。

　日本軍は第二次世界大戦で失敗を犯しました。ある意味で、やりすぎた面があるとは思いますが、別の意味では第二次大戦後、太平洋戦争後に、太平洋の周辺の植民地はすべて独立を果たしました。ですから、「日本は善を為した面もあったが悪を犯した面もあった」というのが結論です。ですから日本は、経済成長の次には、全世界に対し

97

the economic growth of Japan we must have mercy on all over the world, and must be the champion of solving racism.

But people have reincarnations. I already said that some people are born white, black, or yellow. In the ancient age, the ancient age of America about 2,000 years ago, there were red people there. But they were perished by another type of white people at that time. There was a great war, but it is not written in history. So, we experienced a lot in several situations.

(Note: According to the spiritual readings by Happy Science, the red people who lived on the North American continent were immigrants from Atlantis. They lost to the ancient white people in a nuclear war. Then, those white people lost to the

質問3　アフリカが現状を脱却し真理に気づくには

て慈悲の心を持ち、人種問題解決の擁護者とならなくてはいけません。

　一方で、人間には転生輪廻があります。白人として生まれる人もいれば、黒人や黄色人種として生まれる人もいると私は説いています。古代の、2000年前の古代アメリカには赤色人種がいましたが、彼らは当時の別の白色人種によって滅ぼされました。大きな戦争があったのですが、歴史には残っていません。ですから、私たちは様々な状況のもとで、多くのことを経験してきたわけです。

（注。幸福の科学のリーディングによれば、北アメリカ大陸の赤色人種はアトランティスからの移住組だが、古代の白色人種との核戦争に敗れた。次にその白色人種は、今のネイティブ・アメリカンに負けた。）

Native Americans.)

Every person has a reason for returning back to this world, but no person can understand the real meaning till they say goodbye to this world. So, while you are living in this world, please think, think, and think, thinking on and on and on and on. "What is the reason of my living and the reality?"

Also, please think and believe in the law of cause and effect. If you did good things, your future will be better. If not in this world, in the next world, you will get the fruits of good things. But even if you are rich and celebrated by other people, and superficially live happily in this world, if in reality, you have seeds of evil and people receive the seeds of evil from you,

質問3　アフリカが現状を脱却し真理に気づくには

　人は誰でも、この世に戻ってくる理由があるのですが、この世に別れを告げるまで、その本当の意味を理解できる人はいません。ですから、この世に生きている間に、考えに考えに考え、考え続け、ひたすら考え続けてください。「自分が生きている理由は何なのか。自分を取り巻く現実の理由は何なのか」と。

　そして、どうか因果の理法（原因・結果の法則）について考え、それを信じてください。あなたが善を為せば、あなたの未来はより良いものになっていきます。この世でそうならなくても、あの世で、善きものの果実を手にすることができます。しかし、たとえあなたが裕福で、他の人から祝福され、表面的にはこの世で幸せな人生を送ったとしても、本当は悪の種を播いており、他の人たちがあなたから

your next life will be a very sad one, I think.

So, even if all of you cannot explain what you are, who you are, your economic stage, family problem, or another thing, the past cannot be changed, but you can change your mind and start the law of cause and effect, and you'll be better and better in the near future. I can promise about this thing. It's a reality, of course. So, be hopeful about that.

Vielen Dank. Auf Wiedersehen ("Thank you very much. See you again" in German).

質問３　アフリカが現状を脱却し真理に気づくには

悪の種を受け取っているとしたら、あなたの来世は
非常に哀れなものになると思います。

　ですから、あなたがた一人ひとりが、「自分と
は何か」「自分は何者なのか」を説明することが
できず、自分の「経済力の状態」や「家庭問題」、
その他のことを説明することができないとしても、
過去を変えることはできませんが、自分の心を変
えることはできます。そして、因果の理法をスタ
ートさせることはできますので、近い将来におい
て、あなたがたはどんどん良くなっていくでしょ
う。その点は私が保証します。当然、それが真実
なのです。ですから、それに関しては希望を持っ
てください。

　（ドイツ語で）ありがとうございました。またお
会いしましょう。

103

『Love for the Future』大川隆法著作関連書籍

『太陽の法』（幸福の科学出版刊）
『スピリチュアル・インタビュー
　メルケル首相の理想と課題』（同上）
『日露平和条約がつくる新・世界秩序　プーチン大統領
　守護霊 緊急メッセージ』（幸福実現党刊）
『習近平守護霊　ウイグル弾圧を語る』
（幸福の科学出版刊）
『国家社会主義とは何か』（同上）
『ヒトラー的視点から検証する
　世界で最も危険な独裁者の見分け方』（同上）
『大川隆法 フィリピン・香港 巡錫の軌跡』（同上）

Love for the Future ──未来への愛──

2018 年 11 月 29 日　初版第 1 刷

著　者　　　大　川　隆　法

発行所　　　幸福の科学出版株式会社

〒107-0052　東京都港区赤坂 2 丁目 10 番 14 号
TEL(03) 5573-7700
https://www.irhpress.co.jp/

印刷・製本　株式会社 堀内印刷所

落丁・乱丁本はおとりかえいたします
©Ryuho Okawa 2018. Printed in Japan. 検印省略
ISBN 978-4-8233-0045-5 C0030
カバー写真：S.Borisov/Shutterstock.com
装丁・写真（上記・パブリックドメインを除く）© 幸福の科学

大川隆法 霊言シリーズ・世界情勢を読む

日露平和条約がつくる新・世界秩序
プーチン大統領守護霊緊急メッセージ

なぜ、プーチンは条約締結を提言したのか。中国や北朝鮮の核の脅威、北方領土問題の解決と条件、日本の選ぶべき未来とは——。
【幸福実現党刊】

1,400円

スピリチュアル・インタビュー メルケル首相の理想と課題

英語霊言 日本語訳付き

移民政策や緊縮財政など、EUの難局に直面するドイツ首相の本心に迫る。トランプや習近平、プーチンに対する本音、そして、衝撃の過去世が明らかに。

1,400円

守護霊インタビュー トランプ大統領の決意
北朝鮮問題の結末とその先のシナリオ

英語霊言 日本語訳付き

「自分の国は自分で守る」——。日本がその意志を示し、国防体制を築かなければアメリカは守り切れない。世界が注目する"アメリカ大統領の本心"が明らかに。

1,400円

幸福の科学出版

大川隆法 霊言シリーズ・世界情勢を読む

米朝会談後に世界はどう動くか キッシンジャー博士 守護霊インタビュー

英語霊言 日本語訳付き

大統領選でのトランプ氏の勝利を予言したキッシンジャー博士の守護霊は、米朝会談をどう評価するのか。元米国務長官の視点から対北外交にアドバイス。

1,400円

米朝会談後の外交戦略 チャーチルの霊言

かつてヒトラーから世界を救った名宰相チャーチルによる「米朝会談」客観分析。中国、韓国、ロシアの次の一手を読み、日本がとるべき外交戦略を指南する。

1,400円

ドゥテルテ フィリピン大統領 守護霊メッセージ

英語霊言 日本語訳付き

南シナ海問題を占う上で重要な証言！反米親中は本心か──隠された本音とは？ いま話題の暴言大統領、その意外な素顔が明らかに。

1,400円

※表示価格は本体価格(税別)です。

大川隆法霊言シリーズ・中国の野望への警鐘

習近平守護霊
ウイグル弾圧を語る

ウイグル"強制収容所"の実態、チャイナ・マネーによる世界支配戦略、宇宙進出の野望──。暴走する独裁国家の狙いを読み、人権と信仰を守るための一書。

1,400円

守護霊インタビュー
習近平 世界支配へのシナリオ
米朝会談に隠された中国の狙い

米朝首脳会談に隠された中国の狙いとは？ 米中貿易戦争のゆくえとは？ 覇権主義を加速する中国国家主席・習近平氏の驚くべき本心に迫る。

1,400円

秦の始皇帝の霊言
2100 中国・世界帝国への戦略

ヨーロッパ、中東、インド、ロシアも支配下に!? 緊迫する北朝鮮危機のなか、次の覇権国家を目指す中国の野望に、世界はどう立ち向かうべきか。

1,400円

幸福の科学出版

大川隆法著作シリーズ・地球的正義を求めて

正義の法
憎しみを超えて、愛を取れ

テロ事件、中東紛争、中国の軍拡──。どうすれば世界から争いがなくなるのか。あらゆる価値観の対立を超える「正義」とは何かを指し示す。

2,000円

地球を救う正義とは何か
日本と世界が進むべき未来

日本発"世界恐慌"の危機が迫っている⁉ イスラム国のテロや中国の軍拡など、国内外で先の見えない時代に、「地球的正義」を指し示す一冊。

1,500円

国際政治を見る眼
世界秩序の新基準とは何か
（ワールド・オーダー）

日韓関係、香港民主化デモ、深刻化する「イスラム国」問題など、国際政治の論点に対して、地球的正義の観点から「未来への指針」を示す。

1,500円

※表示価格は本体価格（税別）です。

大川隆法 著作シリーズ・人生の目的と使命を知る

太陽の法
エル・カンターレへの道

創世記や愛の段階、悟りの構造、文明の流転を明快に説き、主エル・カンターレの真実の使命を示した、仏法真理の基本書。14言語に翻訳され、世界累計1000万部を超える大ベストセラー。

2,000円

黄金の法
エル・カンターレの歴史観

歴史上の偉人たちの活躍を鳥瞰しつつ、隠されていた人類の秘史を公開し、人類の未来をも予言した、空前絶後の人類史。

2,000円

永遠の法
エル・カンターレの世界観

すべての人が死後に旅立つ、あの世の世界。天国と地獄をはじめ、その様子を明確に解き明かした、霊界ガイドブックの決定版。

2,000円

幸福の科学出版

大川隆法著作シリーズ・最新刊

ハマトンの霊言
現代に知的生活は成り立つか

あなたの人生に、もっと知的な喜びを——。渡部昇一氏や若き日の著者にも深い影響を与えたP・G・ハマトンが贈る、現代的知的生活の秘訣。

1,400円

幸福の科学の後継者像について

大川隆法　大川咲也加　共著

霊能力と仕事能力、人材の見極め方、公私の考え方、家族と信仰——。全世界に広がる教団の後継者に求められる「人格」と「能力」について語り合う。

1,500円

ただいま0歳、心の対話

監修　大川隆法
編著　大川咲也加　協力　大川隆一

妊娠中から生後2カ月までに行われた、大川隆一くんとの「心の対話」。"大人の意識"の隆一くんが贈る、愛と使命感に満ちた心温まるメッセージ。

1,500円

※表示価格は本体価格(税別)です。

大川隆法「法シリーズ」・最新刊

信仰の法
地球神エル・カンターレとは

法シリーズ第24作

さまざまな民族や宗教の違いを超えて、
地球をひとつに——。
文明の重大な岐路に立つ人類へ、
「地球神」からのメッセージ。

第1章　信じる力
　── 人生と世界の新しい現実を創り出す

第2章　愛から始まる
　──「人生の問題集」を解き、「人生学のプロ」になる

第3章　未来への扉
　── 人生三万日を世界のために使って生きる

第4章　「日本発世界宗教」が地球を救う
　── この星から紛争をなくすための国造りを

第5章　地球神への信仰とは何か
　── 新しい地球創世記の時代を生きる

第6章　人類の選択
　── 地球神の下に自由と民主主義を掲げよ

2018年上半期ベストセラー 第2位（トーハン調べ・単行本 ノンフィクション部門）

2,000円（税別）　幸福の科学出版

心に寄り添う。

いじめ、不登校、自殺、そして障害をもつ人とその家族にとって、
ほんとうの「救い」とは何か。信仰をもつ若者たちが挑む心のドキュメンタリー。

企画・大川隆法

監督・宇井孝司　松本弘司　音楽・水澤有一　撮影監修・田中一成　録音・内田誠（Team U）
出演・希島 凛（ARI Production）　小林裕美　藤本明徳　三浦義晃（HSU生）　プロデューサー・橋詰太奉　鈴木 愛　大川愛理沙
主題歌「心に寄り添う。」作詞・作曲　大川隆法　歌・篠原紗英（ARI Production）　製作・ARI Production

全国の幸福の科学 支部・精舎で公開中！

想像を絶する、"始まり"へ。

3億3千万年の時空を超えて――いま、壮大なスケールで描かれる真実の創世記。この星に込められた、「地球神」の愛とは。

製作総指揮・原案／大川隆法
長編アニメーション映画

宇宙の法 黎明編
The LAWS of the UNIVERSE-PART I

逢坂良太　瀬戸麻沙美　柿原徹也　金元寿子　羽多野 渉　千眼美子
梅原裕一郎　大原さやか　村瀬 歩　立花慎之介　安元洋貴　伊藤美紀　浪川大輔
監督／今掛 勇　音楽／水澤有一　製作画監督・キャラクターデザイン／今掛 勇　キャラクターデザイン／須田正己　VFXクリエイティブディレクター／栗屋友美子
アニメーション制作／HS PICTURES STUDIO　幸福の科学出版作品　配給／日活　配給協力／東京テアトル　©2018 IRH Press

10.12 [FRI] 日米同時公開
laws-of-universe.hspicturesstudio.jp

幸福の科学グループのご案内

宗教、教育、政治、出版などの活動を通じて、地球的ユートピアの実現を目指しています。

幸福の科学

1986年に立宗。信仰の対象は、地球系霊団の最高大霊、主エル・カンターレ。世界100カ国以上の国々に信者を持ち、全人類救済という尊い使命のもと、信者は、「愛」と「悟り」と「ユートピア建設」の教えの実践、伝道に励んでいます。

（2018年11月現在）

愛 　幸福の科学の「愛」とは、与える愛です。これは、仏教の慈悲や布施の精神と同じことです。信者は、仏法真理をお伝えすることを通して、多くの方に幸福な人生を送っていただくための活動に励んでいます。

悟り 　「悟り」とは、自らが仏の子であることを知るということです。教学や精神統一によって心を磨き、智慧を得て悩みを解決すると共に、天使・菩薩の境地を目指し、より多くの人を救える力を身につけていきます。

ユートピア建設 　私たち人間は、地上に理想世界を建設するという尊い使命を持って生まれてきています。社会の悪を押しとどめ、善を推し進めるために、信者はさまざまな活動に積極的に参加しています。

海外支援・災害支援

国内外の世界で貧困や災害、心の病で苦しんでいる人々に対しては、現地メンバーや支援団体と連携して、物心両面にわたり、あらゆる手段で手を差し伸べています。

自殺を減らそうキャンペーン

年間約3万人の自殺者を減らすため、全国各地で街頭キャンペーンを展開しています。

公式サイト www.withyou-hs.net

ヘレンの会

ヘレン・ケラーを理想として活動する、ハンディキャップを持つ方とボランティアの会です。視聴覚障害者、肢体不自由な方々に仏法真理を学んでいただくための、さまざまなサポートをしています。

公式サイト www.helen-hs.net

入会のご案内

幸福の科学では、大川隆法総裁が説く仏法真理（ぶっぽうしんり）をもとに、「どうすれば幸福になれるのか、また、他の人を幸福にできるのか」を学び、実践しています。

仏法真理を学んでみたい方へ

大川隆法総裁の教えを信じ、学ぼうとする方なら、どなたでも入会できます。入会された方には、『入会版「正心法語（しょうしんほうご）」』が授与されます。

ネット入会　入会ご希望の方はネットからも入会できます。

happy-science.jp/joinus

信仰をさらに深めたい方へ

仏弟子としてさらに信仰を深めたい方は、仏・法・僧の三宝（ぶっぽうそう さんぽう）への帰依を誓う「三帰誓願式」を受けることができます。三帰誓願者には、『仏説・正心法語』『祈願文（きがんもん）①』『祈願文②』『エル・カンターレへの祈り』が授与されます。

幸福の科学 サービスセンター
TEL 03-5793-1727
受付時間／火〜金:10〜20時　土・日祝:10〜18時

幸福の科学 公式サイト
happy-science.jp

幸福の科学グループの教育・人材養成事業

教育 ハッピー・サイエンス・ユニバーシティ
Happy Science University

ハッピー・サイエンス・ユニバーシティとは

ハッピー・サイエンス・ユニバーシティ（HSU）は、大川隆法総裁が設立された「現代の松下村塾」であり、「日本発の本格私学」です。
建学の精神として「幸福の探究と新文明の創造」を掲げ、
チャレンジ精神にあふれ、新時代を切り拓く人材の輩出を目指します。

| 人間幸福学部 | 経営成功学部 | 未来産業学部 |

HSU長生キャンパス TEL **0475-32-7770**
〒299-4325　千葉県長生郡長生村一松丙 4427-1

| 未来創造学部 |

HSU未来創造・東京キャンパス
TEL **03-3699-7707**
〒136-0076　東京都江東区南砂2-6-5　公式サイト **happy-science.university**

学校法人 幸福の科学学園

学校法人 幸福の科学学園は、幸福の科学の教育理念のもとにつくられた教育機関です。人間にとって最も大切な宗教教育の導入を通じて精神性を高めながら、ユートピア建設に貢献する人材輩出を目指しています。

幸福の科学学園
中学校・高等学校（那須本校）
2010年4月開校・栃木県那須郡（男女共学・全寮制）
TEL **0287-75-7777**　公式サイト **happy-science.ac.jp**

関西中学校・高等学校（関西校）
2013年4月開校・滋賀県大津市（男女共学・寮及び通学）
TEL **077-573-7774**　公式サイト **kansai.happy-science.ac.jp**

幸福の科学グループの教育・人材養成事業

仏法真理塾「サクセスNo.1」

全国に本校・拠点・支部校を展開する、幸福の科学による信仰教育の機関です。小学生・中学生・高校生を対象に、信仰教育・徳育にウエイトを置きつつ、将来、社会人として活躍するための学力養成にも力を注いでいます。
TEL 03-5750-0747（東京本校）

エンゼルプランV　TEL 03-5750-0757
幼少時からの心の教育を大切にして、信仰をベースにした幼児教育を行っています。

不登校児支援スクール「ネバー・マインド」　TEL 03-5750-1741
心の面からのアプローチを重視して、不登校の子供たちを支援しています。

ユー・アー・エンゼル！（あなたは天使！）運動
一般社団法人 ユー・アー・エンゼル　**TEL 03-6426-7797**
障害児の不安や悩みに取り組み、ご両親を励まし、勇気づける、
障害児支援のボランティア運動を展開しています。

NPO活動支援

学校からのいじめ追放を目指し、さまざまな社会提言をしています。また、各地でのシンポジウムや学校への啓発ポスター掲示等に取り組む一般財団法人「いじめから子供を守ろうネットワーク」を支援しています。

公式サイト **mamoro.org**　ブログ **blog.mamoro.org**
相談窓口 **TEL.03-5544-8989**

百歳まで生きる会

「百歳まで生きる会」は、生涯現役人生を掲げ、友達づくり、生きがいづくりをめざしている幸福の科学のシニア信者の集まりです。

シニア・プラン21

生涯反省で人生を再生・新生し、希望に満ちた生涯現役人生を生きる仏法真理道場です。定期的に開催される研修には、年齢を問わず、多くの方が参加しています。全国151カ所、海外12カ所で開校中。

【東京校】**TEL 03-6384-0778**　FAX 03-6384-0779
メール **senior-plan@kofuku-no-kagaku.or.jp**

幸福の科学グループ事業

幸福実現党 釈量子サイト
shaku-ryoko.net

Twitter
釈量子@shakuryoko
で検索

党の機関紙
「幸福実現NEWS」

政治

幸福実現党

内憂外患（ないゆうがいかん）の国難に立ち向かうべく、2009年5月に幸福実現党を立党しました。創立者である大川隆法党総裁の精神的指導のもと、宗教だけでは解決できない問題に取り組み、幸福を具体化するための力になっています。

幸福実現党 党員募集中

あなたも幸福を実現する政治に参画しませんか。

○ 幸福実現党の理念と綱領、政策に賛同する18歳以上の方なら、どなたでも参加いただけます。
○ 党費：正党員（年額5千円［学生 年額2千円］）、特別党員（年額10万円以上）、家族党員（年額2千円）
○ 党員資格は党費を入金された日から1年間です。
○ 正党員、特別党員の皆様には機関紙「幸福実現NEWS（党員版）」が送付されます。

＊申込書は、下記、幸福実現党公式サイトでダウンロードできます。
住所：〒107-0052　東京都港区赤坂2-10-8 6階 幸福実現党本部

TEL **03-6441-0754**　FAX **03-6441-0764**
公式サイト **hr-party.jp**　若者向け政治サイト **truthyouth.jp**

幸福の科学グループ事業

幸福の科学出版

出版メディア事業

大川隆法総裁の仏法真理の書を中心に、ビジネス、自己啓発、小説など、さまざまなジャンルの書籍・雑誌を出版しています。他にも、映画事業、文学・学術発展のための振興事業、テレビ・ラジオ番組の提供など、幸福の科学文化を広げる事業を行っています。

アー・ユー・ハッピー？
are-you-happy.com

ザ・リバティ
the-liberty.com

ザ・ファクト
マスコミが報道しない「事実」を世界に伝えるネット・オピニオン番組

Youtubeにて随時好評配信中！

幸福の科学出版
TEL 03-5573-7700
公式サイト irhpress.co.jp

芸能文化事業

ニュースター・プロダクション

「新時代の"美しさ"」を創造する芸能プロダクションです。2016年3月に映画「天使に"アイム・ファイン"」を、2017年5月には映画「君のまなざし」を公開しています。

公式サイト newstarpro.co.jp

ARI Production
（アリ プロダクション）

タレント一人ひとりの個性と魅力を引き出し、「新時代を創造するエンターテインメント」をコンセプトに、世の中に精神的価値のある作品を提供していく芸能プロダクションです。

公式サイト aripro.co.jp

大川隆法　講演会のご案内

大川隆法総裁の講演会が全国各地で開催されています。講演のなかでは、毎回、「世界教師」としての立場から、幸福な人生を生きるための心の教えをはじめ、世界各地で起きている宗教対立、紛争、国際政治や経済といった時事問題に対する指針など、日本と世界がさらなる繁栄の未来を実現するための道筋が示されています。

2018年7月4日 さいたまスーパーアリーナ「宇宙時代の幕開

2017年5月14日 ロームシアター京都「永遠なるものを求めて」

2017年8月2日 東京ドーム「人類の選

2018年2月3日 都城市総合文化ホール(宮崎県)「情熱の高め方」

2017年12月7日 幕張メッセ(千葉県)「愛を広げる

講演会には、どなたでもご参加いただけます。
最新の講演会の開催情報はこちらへ。　→　大川隆法総裁公式サイト
https://ryuho-okawa.org